台灣 城市之美

藍色水銀、老溫、華希恩 合著

天空數位圖書出版

目 錄

相片集錦

🎧中正紀念堂

∩中正紀念堂（續）

中正紀念堂（再續）

中正紀念堂（再續）

⋔台北市市區

⋒台北市市區（續）

⋒台北市市區（再續）

⋒台北市市區（再續）

↑西門町

❶三義木雕

☝三義木雕（續）

↑三義木雕（再續）

🎧台中市湖心亭

◐台中市湖心亭

⌂台中市市區

🎧台中市市區（續）

∩台中市市區（再續）

⌒台中市市區（再續）

⋂鹿港老街

➊高雄市市區

⋒高雄市市區（續）

⋒高雄市市區（再續）

❶高雄市市區（再續）

⋔幾米公園

∩幾米公園（續）

🎧幾米公園（再續）

∩礁溪

1. 台北市西門町

文：藍色水銀

這裡，有他無數的回憶，所以，只要有去台北，他總會抽出一些時間，來到西門町，獨自佇立在熱鬧的人群裡，讓時光倒流。

六歲那年，隨著父親跟叔叔來到此地遊玩，但他已經完全忘記，只剩下紅樓前拍攝的照片。十六歲，母親陪他聯考，就住在此地的飯店。二十一歲，他把二十萬積蓄一週就花光，賭博、喝酒，荒唐得有些嚇人，也在此被搶劫，脖子上的金牌實在太顯眼了。二十八歲，開始在台北工作，就住在西門町附近，這一住就是三年，後來公司倒閉，他在台北找不到工作，才離開這個大城市。三十四歲，他和妻子來此逛街購物，雖然有個一百三十公斤的電燈泡在旁邊，但他心中是非常愉快的。三十七歲，他和電燈泡再度造訪，為的是談生意，不久之後，電燈泡心臟病發，再也不能發光。

四十二歲，再度踏上西門町的時候，只為了一個人，他找了相同的餐廳，相同的位置與相同的餐點，只為了懷念電燈泡這個朋友。四十七歲，他在此買了人生的第一個牛仔布背包，討價還價之後，又買了兩個包包，同年，他來找一個女網友，在那之前，他在西門町看了一部電影，人生首度在西門町看電影。

西門町的魅力，是台灣的唯一，沒有任何一個城市有這樣的商區，吸引無數的年輕人、外國觀光客，雖然許多商家早已不在，但總有新的商家前仆後繼地加入戰場，維持著它獨特的魅力，新潮與傳統相互衝擊，卻彼此相安無事，各有各的山頭。最終，男女老少都迷失在這裡，有的人為了新奇的事物，有人為了美食，也有人來此約會、看電影，更有人

飄洋過海來看它，然而西門町是個神祕女郎，你永遠看不清也猜不透它能給你什麼！

　　捷運開通之後，來西門町更方便了，於是人潮絡繹不絕地湧入，萬頭鑽動的畫面，就在眼前，一小時內進入的人潮，比一整年在台中市遇到的人還多，儘管如此，他還是非常喜歡這裡，不論是一個人、牽著妻子的手，還是跟好友談天說地。今天，他找了一家咖啡廳，坐在二樓的窗邊，癡癡地望著一波又一波的人潮，隨手拿起相機，按下他在此唯一的快門，那個似曾相識的身影，彷彿是自己二十多年前的樣子，獨自佇立在熱鬧的人群裡，時光並未真正倒流，而他已經五十三歲，四十七個年頭，來過無數次，每次都有不同的感受。

2. 台北市中正紀念堂

文：藍色水銀

　　不論是中正紀念堂還是叫做自由廣場，這裡有我許多特別的回憶，在不同的時間、有不同的原因、和不同的人。

　　國小畢業那年，這裡剛落成，跟著學校的同學一起來，坦白說，已經忘記大部分的內容了，只依稀記得參觀了一些蔣中正的遺物，也勾起當年他去世，跟同校同學到慈湖瞻仰他的遺容這件事。1989 年 6 月 4 日，中國大陸的六四天安門事件，我跟勤益工專的同學，搭乘遊覽車到此，在這裡聲援那些自由鬥士，我已經忘記是否有記者到場拍攝。

　　年輕時，母親提議到台北走走，於是就把這裡跟西門町列為行程，那時父親還很健康，玩一整天也不覺得累。也曾經跟一個女孩來此約會，但我們無法走到最後，在沒有行動電話的年代，遠距離戀愛把她搞瘋了。

　　有一次，則是跟朋友還有當時的女友一起來，那位朋友已經去世多年。兒子在五歲左右時，跟我的兩個乾姊姊感情很好，在一個雨天來此，那是第一次發現地上的積水，可以把此地拍出倒影，還有許多麻雀在洗澡，那真是一次印象深刻的旅遊。隔沒多久，我因為到世貿看展，所以就來此拍照，那時新的類單眼剛入手，拍的是那些雄壯威武的儀隊，雖然一個人來，卻也不會無聊。加入攝影家手札後，才發現此地不止倒影漂亮，夕陽也很有味道，找了一位攝友一起來，可惜未能如願拍到美景。

　　進年來，大陸觀光客越來越多，於是此地也成了他們必玩的景點，雖然同文同種，但一開口，還是能輕易分辨差別，而西方的遊客同樣不少，尤其兩廳院的建築，是他們非常感興趣的。事實上，這裡在春天是

賞花聖地，櫻花、梅花、杜鵑花都非常漂亮。雲漢池與光華池，除了散步，也可賞鳥，以及賞魚，成群的錦鯉，看了心情可以放鬆不少。

住在附近的人，只是把這裡當成公園，散散步，或是運動，跟來去匆匆的觀光客完全不同的步調與目的，夜裡許多情侶手牽手，漫步在其中。形形色色的人進來，有著各種不同的原因，在不同的時間，有不同的感受，寫下了無數個故事，多年之後，翻開相簿，你還記得多少？你是否像我一樣？再度來此，為了你心中的那個原因，我想，我會在某年夏天的傍晚再度來訪，只為那滿天紅霞。

3. 基隆港大船

文：藍色水銀

　　當我國中畢業那年，父親帶著全家環島旅行，由於中部我們已經很熟，所以就直接從台中開車到基隆，找了一間港口附近的旅館入住，當天傍晚，是我第一次見到大船，那是一艘貨櫃輪，巨大的船身把我震懾住了，我跟弟弟都張口結舌，接著興奮地又叫又跳，那場景好像昨天才發生。

　　九年前，我的兒子才六歲大，他非常喜歡搭火車，我問他：「如果從台中搭區間車到基隆看大船要不要？」他毫不考慮說要，我說要很久才能到，他也說沒關係。於是我準備了簡單的點心、飲料，騎車載他到台中火車站，搭上火車，他對窗外的風景非常好奇，並對每一站的站名都很清楚，他總是望著窗外，偶爾拿出口袋裡的模型車玩，直到桃園站，許多旅客把火車塞得滿滿的，他才把目光投向大人的身上。

　　好不容易折騰到了基隆，天空中的雲越來越黑，於是飄下紛紛細雨，我打著傘牽著他的手，正想往碼頭方向走去，沒想到他居然說肚子餓，停在漢堡店前不肯再走，那就先吃飯要緊，看著他滿足的表情，可愛的模樣，這就是幸福吧！

　　冬天的基隆港又濕又冷，所有的旅客都拿著雨傘，形成了一幅難得的畫面，背景是艘巨大的郵輪，不過兒子對這艘大船完全沒興趣，原來，他還沒吃飽，於是又買了一包零食跟阿華田，才六歲就食量驚人的他，身高比一般小孩高壯許多，終於，他開始專心看船，從小型的到中型的，還有軍艦，也開心地跟這些船合照。

　　沒看到貨櫃輪，但也無所謂了，此時下起傾盆大雨，把玩興澆熄了，我趕緊帶著兒子進到室內躲雨，這時車站已經擠滿想要搭車的旅客，我看了時刻表，決定等下一班車，望著外頭的大雨，"雨都"這個名號果然沒有白叫，這個每年下雨約 200 天的城市，是那麼特別，下了火車就看得到大船，臨走前，兒子問我何時再來？

　　於是，我安排了一趟野柳海洋世界之旅，就在一個月後，那又是另一個故事了，那天，除了野柳，目標就是再遊野柳附近的基隆，這次除了天氣很棒之外，兒子還如願看到了大郵輪、貨櫃輪，我們也步行到廟口夜市，嚐了鼎邊銼、蚵仔煎、肉羹等知名美食，然後帶著滿滿的收穫跟歡笑聲回家，真是讓人懷念的一次旅遊啊！

4.苗栗三義木雕

文：藍色水銀

　　小時後曾經住在苗栗通霄幾年，當時見到附近的大人把木頭雕刻，沒多久，觀音的樣子就出現，不過我沒什麼耐性看完，跑去玩耍了一會，再回來看的時候已經接近完成，那是我這輩子第一次看到雕刻師傅在創作。

　　長大後開始喜歡藝術品，也知道雕刻大師朱銘就是通霄人，原來他是我的學長呢！後來木雕業在通霄漸漸沒落，從上千從業人員減少到數十人，而三義木雕業雖然蓬勃發展，但彼此競爭激烈，也造成許多人選擇退出，終於三義還是發展起來了，木雕街展示著各式各樣的木雕商品，甚至陶藝、玉雕、象牙雕都能在此見識到。

　　這裡的雕刻，主要分為公版與創作版，公版即樣式大同小異，很多店家都有販售，因為競爭，所以價格較低，不過沒有收藏價值，只能算是裝飾品，而樣式獨一無二的作品，無法比價，只能用材料的多寡、材質的稀有程度、雕工是否精美等條件略為判斷，頂多加上雕刻師傅是否知名，但也只能估個三五分準，有時店家漫天叫價，有時缺錢砍價，很難得知實際的狀況，想要收藏的人，除了口袋夠深、眼光準確、具專業知識，還得遇上對的時機，畢竟一個幾十萬，甚至幾百萬的雕刻，不是普羅大眾可以買得起的。

　　三義木雕博物館在另外一個區域，約三十家商店，博物館裡的展覽相當值得觀賞，而部分商家有一些特別的作品，是禁止攝影的，主要還是不想被大量模仿，值得一提的是其中一家的雕刻都屬於天價等級，如果老闆熱情招待你，就別錯過了這個機會，欣賞裡面的藝術品，而一件

數十萬的玉雕，在此出現也不足為奇，除了價格，巧奪天工的手法，精妙地將玉的顏色凸顯，稱為巧色巧雕。

萬一看了沒興趣，可以到勝興車站走走，那裡有小火車，也可以到龍騰斷橋，看從前的人，是怎麼建造高架橋的，又或者可以在五月來訪，滿地的白色桐花，有五月雪之稱，十一月來，可以到附近的銅鑼賞杭菊，但無論是那一種，我都非常喜歡，慢慢欣賞、仔細品味，過慣了效率優先的城市生活，在這裡完全不適用，我可以完全放鬆自己，即使只有短短數小時，也會覺得非常快樂，什麼都不做，只要做一件事，用心去觀賞、體會這些木雕，就算不買，也能夠得到非常棒的啟示。

5. 苗栗市當兵

文：藍色水銀

　　那是將近三十年前的事了，我從新訓中心轉到清水，即高美濕地不遠處，然後分發到苗栗大坪頂，這裡是大部隊，有師部，還有野戰部隊的訓練營，不過現在都已經裁掉，只剩下空房子。

　　早上起床，能見度非常低，因為這裡常年都有霧氣，等到所有人就緒，就開始跑步，也許還有各五十下的伏地挺身、交互蹲跳、仰臥起坐，晚上睡覺前也是，所以原本瘦巴巴的我，足足增加了八公斤之多，全拜這些體能訓練所賜。當然，不止是這些，我們還得把迫擊砲拆成腳架、砲管、底座，每部分幾乎都是 40 公斤，然後扛在肩上跑一圈馬路，估計為 500 公尺左右，如果犯錯，又是一圈。其實我能明白這些訓練的目的，就是要我們能夠迅速移動，萬一上了戰場，才不會變成活靶。

　　放假，是每個阿兵哥都渴望的事，這時，我們就會搭計程車進入苗栗市區，家裡錢多的，會包計程車回家，而我，選擇到火車站，有國光號跟火車可以選，通常我會選國光號，因為下車後，只要走不到一公里就可以到家，跟父母見面，幾個小時後，就必須收假，然後我又回到苗栗火車站，搭計程車回軍隊。

　　這些年，也常常從苗栗經過，或是專程進去，2012 年，苗栗舉辦花火節，連續施放數週的煙火，還辦了煙火攝影比賽，當時我正開始練習攝影，自然不放過這種機會，總共去了五趟，頂著刺骨的寒風在山頂數小時，最後換來的是經驗，還有幾張不錯的煙火照片。後來，我才知道煙火的場地是苗栗高鐵站的預定地，過不久，車站便竣工，這也讓住在後龍、造橋的人方便許多，他們在出遠門時多了一個選擇。

　　苗栗市不大，背山面河，大部分的建築都是低矮的透天厝，只有少數的大樓。由於我兒子小時候是鐵道迷，所以專程到火車站旁的鐵道博物館玩了不下十次，有時開車，有時搭火車，開車經過大坪頂時，我放慢速度，找了地方停車，看著廢棄的崗哨和軍舍，那個我曾經站崗的地方，頭頂著鋼盔，身穿草綠色軍服，背著一把子彈上膛也上刺刀的步槍，竟已經離我好遙遠，而懸崖邊，已經完成道路拓寬，可以看到苗栗市的夜景，於是我在此俯瞰苗栗，吹著涼風，想當年，在此當兵是每天戰戰兢兢，如今卻帶著閒情逸緻舊地重遊，真是難以想像的變化！

6.台南市會網友

文：藍色水銀

十多年前，網路不像現在這麼發達，正確的說，才剛要起飛而已，因為開了一家藝品店，認識一位買家，也接受他的邀請到台南，參觀他的店，原來他是同行，他希望我跟他批貨，可惜多數商品開價過高，無法合作，他認為我把價格壓太低，於是就請他到台中來，見識一下什麼是低價，這下他傻了，因為我說的是真的，這也代表他的上游在坑他。

印象中的台南是很容易淹水的，親身到了現場，就會知道這是無解題，河道兩旁的堤防是高點，水往低處流，所以下大雨時，雨水如何排入運河呢？很難想像這裡的居民是怎麼渡過這麼多次的水災。住在水邊也不是沒有好處，台南市區的西北方有許多魚塭，養活了許多人，知名的魚種有台灣鯛（吳郭魚）、石斑、虱目魚等。魚塭的區域有個非常知名的景點：四草，鄭成功登陸台灣與荷蘭人的第一戰場，1994 年成立四草野生動物保護區，2009 年成立台江國家公園，目前最熱門的景點為紅樹林綠色隧道，非常漂亮，非常療癒，坐在膠筏上欣賞，讓人完全忘卻煩惱。

若想要知道台灣的歷史，來台南探訪絕對不會讓你失望，有 400 年前荷蘭人留下的熱蘭遮城，明朝、清朝時漢人建造的許多宮廟，例如知名的南鯤鯓代天府、孔廟，軍事設施如四草砲臺、億載金城，西式建築德記洋行，日治時期則有夕遊出張所等，林百貨更是南台第一間百貨公司，於 1932 年開幕，為當年少數配有電梯的建築，也是當年台南第一高樓，經過整修後，目前已重新營業，為台南市指定古蹟。最知名的建

築應該是赤崁樓，想知道來龍去脈的人還是求助孤狗大神，因為資料實在太多，不須在此贅述。

　　台南的美食也是遠近馳名的，碗粿、米糕、油飯、春捲、鴨肉羹、虱目魚肚、虱目魚丸、蝦仁肉圓、牛肉湯、牛肉麵、肉粽、臭豆腐，還有名字非常特別的棺材板，最讓我印象深刻的是冰，或許是因為台糖在台南有許多土地，又或許是天氣熱的關係，台南人愛吃冰的程度讓人難以想像，從銅板價的冰棒，到150元的芒果冰都有，種類之多讓人瞠目結舌，幾年前造訪故宮南院時，兒子點了一大盤芒果冰，足足吃了超過半小時，甜度破表。這麼多美食，是我造訪台南共五次的收穫，至於其他沒提到的，沒嚐過，不敢推薦，下次再到台南二寮拍攝美景，應該會再來台南市區嚐嚐牛肉湯吧！讓人懷念的滋味。

台灣城市之美

7. 桃園石門水庫

文：藍色水銀

當我還是個國中生時，校方安排了我們參觀石門水庫、亞洲樂園，其他的行程我已經忘了，應該是慈湖跟大溪，不過沒拍照，不能確定，時間真的是一把殺豬刀啊！今年剛好是四十年了，而亞洲樂園早就在1998年休業了。

我記得那時家裡的環境並不好，除了帶兩包零食、一個麵包，媽媽只給我五十元，所以進了亞洲樂園也只能乾瞪眼，什麼都沒玩，因為那五十元是要吃晚餐的。看著許多同學們坐上螺旋式雲霄飛車，我並不羨慕，因為我在五歲那年就有經驗了，那次我吐了半天，臉色鐵青，差點連命都沒了。當時班上有個同學跟我很要好，經常鞭策我唸書，可是我當初沒聽他的，最後我們鬧翻了，直到現在都沒聯絡，因為他不願再跟我說話，現在想起來還真的很是懊惱，他是個很正直的朋友，我的相簿裡還有他在雲霄飛車前的照片。

三十年前，我剛退伍，追了一個女孩已經兩年，當兵的日子都是用寫信聯絡，她答應跟我一起去石門水庫看楓葉，不過當年的資訊傳遞速度不像現在，到見面的時候楓葉早已掉光，她提議要到亞洲樂園玩，那是我跟她在一起最快樂的一天，兩個人情緒都很亢奮，當晚我在飯店裡吻了她，但也只是這樣，後續的故事很甜蜜，也很悲傷。

老天就像在跟我開玩笑一樣，就在跟她分手過沒幾天，父親說要去石門水庫，並且指定我當司機，舊地重遊但身邊的人不是她，所以我整天悶悶不樂，母親似乎看出我的心事了，回程主動當司機，真是折磨人的出遊啊！但老天愛捉弄人的狀況不止這一樁，同年暑假，我的同學兼

死黨剛退伍，說颱風剛過，要去石門水庫看洩洪，還在情傷之中的我，又被撒了一把鹽在傷口上，好痛！真的好痛。

　　幾年前，被攝影家手札升格為評議顧問，後來成為藝廊版主，幾年的時間裡常常看到攝友拍攝石門水庫，或許時間已經沖淡了情傷吧！早已沒有了感覺，而我的同學兼死黨又約我到石門水庫拍攝楓葉，怎麼辦呢？拿起相機，坐上他的車，兩個年齡加起來剛好一百歲，沒想到已經認識幾十年了，拍完照，到附近嚐活魚三吃吧！這是我這輩子唯一的一次，很好吃，真的很好吃，糖醋魚、清蒸魚、砂鍋魚頭，不過兩個人吃六人餐真的有點撐，下次要去，至少四個人比較剛好。

8. 彰化鹿港老街

文：藍色水銀

　　1982 年‧羅大佑在滾石唱片發行了專輯‧第一首歌是：鹿港小鎮‧時隔將近四十年‧再度把這首歌拿來聽‧那種感觸更深了‧或許是因為當年自己只是個白目國中生吧！？那裡懂得歌詞的意義及寓意深遠‧這麼多年來‧聽過無數首流行歌曲‧應該超過一萬首吧！？但卻沒有任何一首歌可以超越這首歌在我心中的地位‧歌詞最後一段的其中兩句‧值得我們深省：家鄉的人們得到他們想要的‧卻又失去他們擁有的。就算歲月再經過一千年‧甚至幾萬年‧這兩句歌詞還是會那麼讓人覺得震撼‧也讓人感嘆‧還有些許無奈。

　　因為喜歡上攝影‧為了想要拍攝位於鹿港的玻璃廟‧這才讓我首度停留在鹿港‧之前都只是驅車經過。玻璃廟是全台灣唯一、也是全世界唯一的玻璃廟‧全名為玻璃媽祖廟 - 台灣護聖宮‧入夜之後‧五彩的燈光將玻璃廟變得異常炫目‧而在雨後更是吸引無數攝影師‧想要拍攝它美麗的倒影。廟旁的台灣玻璃館‧展覽著許多玻璃相關的產品、藝術品‧迷人的顏色‧常常讓遊客流連忘返‧驚人的魅力難以用文字來形容。

　　瑤林街、埔頭街應該算是鹿港老街的代表‧狹窄的街道鋪設著紅磚‧就如同鹿港小鎮歌詞中提到的‧門上的木板是斑駁的‧還刻著古人的智慧‧或是貼上紅色的春聯‧紅磚牆上有突兀的鐵窗以及防盜的監視器‧並夾雜著幾部機車‧除了木門‧還有水泥牆也是斑駁的‧幾道裂縫看得出來已經是很久的建築‧如果不是假日‧還可以看到藍白相間的帆布蓋著攤位‧久久才有遊客經過‧跟假日時萬頭鑽動的景象完全無法聯想在一起‧但卻是同一個地點。

　　來到鹿港龍山寺，傳統與現代的衝擊感更加重了，站在寺外，遊客與汽車不斷經過、停下、駐足，有些進入這將近五百年的古廟，人們紛紛拿著最先進的相機、手機紀錄著，而佇立在此的古物，從最初的嶄新變成現在的陳舊。當地的兩位老人，坐在廟前開心地聊著，臉上有著無數歲月的痕跡，但笑容可掬，我上前要求將他們的此刻拍下，他們沒有拒絕，因此成了我第一張拍攝老人的黑白照，在陽光的加持下，那純粹的笑容真的讓人欣慰，這一刻將成為我珍貴的記憶之一。而廟裡總有虔誠的信徒，無論是站著拜或是跪著拜，他們用心地祈求，也讓我這個攝影人感動，並幫他們留下此刻的身影。後來我又造訪了幾次，這迷人的鹿港老街，總有出人意料之外的驚喜等著我們去發現。

9. 台中市觀音山步道

文：藍色水銀

舊台中市有不少登山步道，尤其是大坑就有十二條步道，只要沒下雨，步道總是吸引許多人，無論是來運動、散心、約會、拍照、還是生態調查，在市郊都有新鮮的空氣可以大口呼吸，伴隨著鳥語花香，多麼棒啊！

觀音山步道的入口在中台科技大學北邊，地圖上沒有標示，就在馬路旁，又或者從東北方的橫坑巷也可以，不過兩條步道是不相通的，至高點的玉佛寺，有巨大的觀音像，知名的蝴蝶橋即清新橋就在腳下，爬上旁邊的觀景台，壯觀的景色就會出現眼前，下次一定要找個雨後的日子上來，這裡的日出、夕陽、夜景一定很美，連十公里外的大肚山都看得到，南邊應該是烏日跟彰化吧？不過因為距離太遠，連巨大的建築物都只是一個小點。

之前曾經為了拍攝一隻蝴蝶上來，它的芳名叫做：白裳蝶，算是非常稀有的品種，如果沒有獨角仙，把光蠟樹的樹皮給刨開，流出汁液，平常根本不可能看到它的芳蹤，除了這兩種昆蟲，光蠟樹上還會出現豹紋蝶、永澤黃斑蔭蝶等蝶類，以及黃長腳蜂、褐長腳蜂，還有讓人害怕的虎頭蜂，大坑的虎頭蜂有黑尾虎頭蜂及中國大虎頭蜂，它們在進食的時候還算安定，就算鏡頭離它們只有十公分，它們也不會攻擊人類，但到了八月至十一月，它們的攻擊性就會變得非常強，因此在這幾個月登山要特別注意，如果發現虎頭蜂頻繁飛過，最好原路而回，不要冒險前進，以免成了它們的目標。而夏天還有一隻昆蟲非常特別，叫做：渡邊長吻白蠟蟬，長長的頭部，滿可愛的，除非受到威脅，否則它們可以一

整天都停在原位不動，運氣好的話，可以一次看到一整群，是生態攝影師眼中的明星物種。

如果體力不錯的人，可以挑戰直上頭枓山頂，但要記得準備足夠的飲用水及食物，千萬不要輕忽，即使它的海拔只有 859 公尺，從四號步道走會比較辛苦，不過風景比較壯觀，如果從新社的五之一步道上來比較輕鬆，可是四號步道沿途的風景就無緣見到了，山頂可以看到新社花海，如果是清晨上來，有機會看到整個新社被濃霧壟罩，當日出之後，霧氣逐漸消散，遠方的大雪山、鳶嘴山出現在眼前，不同的日子有不同的景觀，每次上來都有不同的感受，不論是低難度的觀音步道，還是中難度的四號步道上頭枓山，總能給人驚喜，隨時等著我們去探索。

台灣城市之美

10. 台中市湖心亭

文：藍色水銀

　　位於台中公園(中山公園)內的湖心亭是市定古蹟‧建於 1908 年。第一次造訪‧是在 1979 年‧當時剛搬到台中市區‧父親帶著我跟弟弟來此划船‧也是我唯一一次在此划船‧之後無數次的造訪‧都有著不同的伴侶跟目的。

　　占地三萬餘坪的公園‧對我來說‧有太多太多回憶‧也是我此生造訪最多次數的公園。上了國中‧開始愛上越野腳踏車‧當時的光復國小外操場‧有一個跳台‧我跟車友們在操場上練習各種技巧‧當然也摔了很多次‧小傷不斷‧幸虧都沒有大礙。高中時期‧在補習班打工‧認識了一個女孩‧在公園內幫她拍照‧她燦爛的笑容仍在我內心深處的某個角落。而我的第一任女朋友‧也曾經跟我在此約會‧沒想到已經過了三十多年了。

　　退伍後‧因為一直找不到工作‧偶爾就會進到公園‧思考該怎麼辦？那段日子‧徬徨無助‧湖心亭便成了我的避風港。幾年後‧弟弟退伍‧我家在附近開了一家便當店‧負責外送的我‧一天總會經過公園幾次。之後隔了十多年沒有踏入公園‧直到我的小孩三歲左右‧才因為帶他來此玩耍‧再度進入公園‧而且常常來此。2010 年‧買了類單眼‧數位相機時代來臨‧跟我的好友多次來此練習拍攝夜間的湖心亭‧還有日出、夕陽、噴水等‧也搭電梯上公園旁的立體停車場頂樓‧拍攝公園全景。

　　對我而言‧每次進來都彷彿是時光倒流‧不知道那一段記憶會浮現腦海。在成為攝影家手札的成員後‧經常來此拍照蜻蜓、豆娘、蝴蝶、昆蟲‧當然還有元宵節的花燈‧那是我練習黑卡的最佳時機。最近一次

就在半年前，是因為心血來潮，想逛逛公園對面的玉市，買了一些水晶球之後，我走進公園，站在碼頭旁，望著湖心亭，心想，這裡到底跟我有什麼關係？為什麼一直有不同的原因讓我進來？

站在自由路的人行道上，就是公園的門口，望著對面的大樓，以前曾經有麥當勞在此營業，那個深夜不歸的女孩，多次跟我在那裡複習功課，她甜美的笑容、聲音、調皮、溫柔都還會在腦海中翻騰，那是一段短暫卻美麗的日子，我只跟她相戀了三個月就分手，如今，她早已不知在何處，而我卻仍會來這裡走走，不知道下次會因為什麼原因再度進入公園？在我心裡，又會有什麼樣的衝擊？

台灣城市之美

11. 南投埔里木生昆蟲博物館

文：老溫

　　埔里有很多地方可以玩，但如果是帶著小朋友，這裡肯定可以讓他們玩很久。或許它的知名度不算高，但卻是世界上數一數二的昆蟲博物館，裡面的標本數量非常多，許多我們從未見過，也未曾在電視上看過的昆蟲標本，當然，也有少部分是活體。

　　入園後首先迎接我們的是蝴蝶園，黑白相間的大白斑蝶優雅地停在花上吸食花蜜；翅膀振動速度超快的綠斑鳳蝶讓人無法不注意它；動也不動的枯葉蝶以為我們看不到它，調皮的小朋友，找到館方準備的鳳梨，抹了一些鳳梨的汁液在手背上，靠近枯葉蝶後，它居然飛到小朋友的手背上，伸出吸管猛力地吸食，非常有趣，也露出它的另一面翅膀，橘黃色的部分非常醒目，但金屬光澤的藍色才是真正美麗的部分，簡直就是一隻會飛的藍寶石，跟它另一面翅膀的低調形成強烈的對比。

　　一樓是活體昆蟲區，有昆蟲界的大力士：長戟大兜蟲，是世界最大的甲蟲之一，十五公分左右的身長，誇張的胸角與頭角，跟螞蟻相比，它簡直就是酷斯拉；金屬般的光澤搭配綠色、粉紅色、金黃色，彩虹鍬形蟲不知擄獲多少養蟲人的心，它算是明星級的昆蟲了；巨型的竹節蟲，樣子實在讓人驚訝，但最嚇人的應該是馬達加斯加蟑螂，身長五至七公分，巨大的身軀讓女性遊客尖叫，但其實它也是寵物蟑螂，非常多人在飼養呢。

　　上到二樓的標本區，我只能用目瞪口呆、目不暇給來形容大家的表情，各行各業的昆蟲標本，完全顛覆了我對昆蟲的看法，它們不是討人厭的蟲蟲，而是非常美麗的活寶石。泰坦大天牛雖然是標本，但個頭真

的很大，身體長度超過 15 公分，連觸角算進去的話竟然超過 20 公分，它強而有力的下顎可以咬斷鉛筆，這時，我竟然想起河馬咬斷鱷魚；巨大花潛金龜長約 10 公分，而台灣常見的金豔騷金龜只有 3 公分，體型差距非常大；皇蛾是世界上最大的蛾，翅膀張開後，比一個成年人的臉還大上許多，真的讓人十分驚訝，這種蛾在台灣也有，十多年前曾於路燈下撇見它的身影，近距離觀看標本則是頭一遭；最吸引我的是巴西國蝶——大藍閃蝶，湛藍色的金屬光非常美麗，也因為太美而被抓來當標本，成為收藏家必備的蝶種，目前因為森林砍伐，數量銳減。閃到不行的還有吉丁蟲，就像一枚寶石般誘人。看完標本，我們往埔里彩蝶瀑布，看能否看到一些蝴蝶，讓這趟生態之旅更有意義。

台灣城市之美

12. 雲林土庫馬光國中羊蹄甲

文：老溫

　　這裡不是觀光區，但仍然可以吸引不少遊客，數百公尺長的羊蹄甲盛開時，被譽為土庫櫻花大道。查了資料之後便驅車前往，這種每年只有一次的機會，錯過就要再等一年，但明年花況是否如此無法得知，就把握時間去賞花了。

　　第一站先來到古坑綠色隧道公園，道路兩旁高聳著翠綠的芒果樹，形成所謂的綠色隧道，大草坪上幾隻小狗瘋狂地來回快跑、追逐，它們一定很興奮吧！氣墊城堡是小朋友的樂園，天真無邪的笑容與盡情玩樂的笑聲，真想讓人時光倒流，把自己變回小朋友啊！整排的小販，賣著各式各樣的小吃或商品，買了平常不會吃到的烤透抽，很香，沒踩到地雷。愛喝咖啡的人，可以買古坑咖啡回去嚐嚐，濃郁的香氣讓人神清氣爽。

　　把車停在櫻花大道盡頭的靜法寺，巨大的觀世音菩薩像與金龍，立即吸引了眾人的目光，雙手合十簡單拜了之後便開始賞花。粉紅色的羊蹄甲，在每棵樹上都是盛開的，非常美麗，讓人以為是櫻花，難怪會有印度櫻花之稱。因為是假日，來訪的遊客竟絡繹不絕，一個個跑到路中間拍照，也不管來來往往的車輛，真的是險象環生啊！找了一棵最漂亮的，跟它合影，也拍了長鏡頭的照片，正想離開，路旁的農田已經綠油油，淺綠色的玉米也非常吸睛。

　　或許是插秧時間不一樣，有幾畝田是剛剛才放水插秧，凋謝的羊蹄甲掉在上面，水溝裡也滿滿的都是落花，讓人想起一首知名的詩：我本將心向明月，奈何明月照溝渠，落花有意隨流水，流水無心戀落花。看

著滿地的花瓣，抬頭又看著盛開的花，不禁讓人感嘆，果然是沒有不凋謝的花。正想離開，一位老婦人剛剛下田，臉上無數的皺紋，彎下腰開始把花生一棵棵拔起，天啊！竟然用手拔，她的年紀應該有七十多歲了吧！這麼辛苦，我得到她的同意，幫她拍了幾張沒露臉的照片，當成這次旅遊的紀念。

時間還早，於是決定到嘉義東石去吃海鮮，這裡最出名的是蚵，蒜泥蚵、鮮生蚵、蚵仔煎、蚵仔酥、炸蚵捲、蚵嗲、蚵仔湯、蚵仔粥、和風蚵，太多種了，簡直讓人得了選擇障礙啊！煎虱目魚肚也很受歡迎，只是吃了這麼多的海鮮，不知道會不會讓尿酸破表啊？明天的事明天再說吧！

13. 彰化肉圓

文：老溫

在還沒有嚐過肉圓之前，對它的印象就是等紅綠燈時，看到一鍋油泡著數十個白色的圓形食物，並不特別吸引我，直到我跟幾個朋友到八卦山旅遊，才知道彰化肉圓非常知名，也真的非常美味，難怪這些店家的客人總是絡繹不絕。

最知名的店家是阿璋肉圓，它因為電影：《那些年我們一起追的女孩》來此取景而聲名大噪，從此就成為打卡與朝聖之處。肉圓的外皮軟中帶嚼勁，內餡使用豬肉、筍、香菇等食材，搭配店家特製的醬料，甜中帶鹹，外皮的香氣會隨著咀嚼向上直達鼻孔，如果加了香菜，又是另一種感受了，香菜首先搶走所有的味道，當它的味道消失，其他食材的味道才漸漸出現，也隱約夾雜著香菜的餘味。

每家肉圓店都有不同的做法，主要是清蒸、油炸，醬料的配方也很多元，而配角是湯，但我卻被配角深深吸引。內容豐富的四神湯、味道單純的脆丸湯、濃郁的芋頭排骨湯、氣味十足的金針排骨湯，每道湯都非常有特色，讓人回味無窮，我乾脆點了兩種不同的湯，因為實在太好喝了。

酒足飯飽之後，便開始了旅途的另一個重點，八卦山上最知名的是大佛，高二十三米，仰望莊嚴的法相，讓人肅然起敬，站在它的前面，忽然覺得自己很渺小，九龍池旁的觀景台，適合談情說愛的情侶，在傍晚時分吹著涼風，談笑間看著夕陽西下，華燈初上後轉眼就萬家燈火。

聽說天空步道旁的鳳凰花很美，特地把旅遊的時間調整到它的花季，果然沒讓人失望，蔚藍的天、火紅的花、翠綠的葉，形成一幅美麗的畫面，讓我印象非常深刻。回程的時候看了一下位置圖，發現遺漏了一個點：賴和詩牆，便立即前往，有如巨人書寫的詩牆，雖然鏽跡斑斑，但卻是震撼人心，陽光斜照之下，這詩牆看起來更立體了，也難怪它的知名度那麼高。隔日，我們到彰化另一個景點：扇形車庫，是台灣僅存的扇形車庫，是火車頭保養、休息之處，有「火車頭旅館」的稱號，爬上觀景台，除了俯瞰車庫，還可以看到彰化火車站進出的火車，由於彰化站是山線與海線交會，因此很容易走錯月台，廣播人員經常會提醒旅客，搭上火車後，看著窗外仍依依不捨，再會了，這半大不小的城市，當我再回來時，是鳳凰花開的季節。

14. 桃園可口可樂博物館

文：老溫

　　這是一個只在平日開放、假日不開放的地方，而且參觀必須於一週前預約，這麼特別的博物館，應該很好玩，愛喝可口可樂的人，怎麼能錯過呢！由於是預約制，遊客不多，可以盡情拍照，這是最棒的地方。這個神奇的產品，在 1886 年誕生，當年，平均一天只賣出九杯，而在一百多年後，已經風靡全球，每天銷售量竟高達十九億份左右，成為單一品牌最受歡迎的飲料，早期的可樂含有古柯鹼，目前已經沒有，而咖啡因含量也減少許多。

　　話說年輕時，被同學拉進炸雞店，一口炸雞配一口可樂，還有薯條沾蕃茄醬，不知不覺中就愛上了可樂，現在回想起來，還真的是不太健康的感覺，只是現在的炸雞店，最受歡迎的依舊是炸雞配可樂的組合，這歷久不衰的搭配，應該會一直受歡迎下去吧！？後來，批薩配可樂也成為非常受歡迎的組合，因為是可樂會解油膩吧！

　　三瓶大瓶的易開罐，很容易讓人一直按快門而不肯離開；可口可樂是紅色與白色的搭配，所以博物館內連廁所的門都是紅色，洗手台的設計也很可樂風；而一張年表，說明了可口可樂的歷史與演進，並加入當年的時事，真的非常獨特；黑白相間的方塊，組成了西洋棋式的地板，紅色的倚墊，白色的椅身與桌面，連燈罩都是紅色，真的是十足的可樂風；櫥窗內各式各樣的可樂瓶，陪伴無數人從年少走到年老，口渴了，博物館免費提供一杯可樂或是該公司產品；拿著玻璃瓶的白熊可愛的模樣，同樣讓人猛按快門；紅色的可樂風仿郵筒，恐怕只有這裡找得到；想知道可樂是如何製造的，那就觀賞影片，不會無聊，別睡著了；紀念

品區，有馬克杯、購物袋、玻璃杯、帽子、衣服等，只是買回家能捨得用嗎？

　　時間還早，那就上虎頭山，以藝術裝置為主的虎頭山風景區，加上茂密的樹林，還有很多條步道，非常適合散步或是運動；接著又到另一個公園：虎頭山環保公園，兩個公園的名稱相近，真的很容易搞混啊！為什麼不另取個名字呢？問號突然裝滿了我的腦袋。這裡並不大，特色就是俯瞰桃園市區，空氣好的時候夜景很美，但入夜後溫度驟降，最好還是夏天來啊！據說很多人喜歡來此約會，應該很浪漫吧！？該回家了，不胡思亂想啦！

15. 新竹關西六福村主題遊樂園

文：老溫

　　六福村是台灣少數大型遊樂園之一，為股票上市公司，2017 至 2019 年陷入經營危機，今年稍微有起色，但仍然不樂觀，恐怕只能咬牙苦撐下去。早年只有野生動物園，1994 年起陸續增加遊樂設施，40 年來共發生七次重大意外，六人死亡，一人成為植物人，儘管如此，它還是相對熱門的遊樂園，連續假日時，遊客依舊會湧入。

　　適合小朋友的項目不算多，如果要帶他們來玩，恐怕是折騰自己，三思而後行吧！雖說如此，他們天真無邪的歡笑聲此起彼落，讓人羨慕。大部分的設施都有身高限制，要玩之前，量一下身高是必要的，安全才是最重要。其他限制事項如孕婦、身心不舒服、易暈車暈船、心臟病、高血壓、脊椎或頸部問題、骨質疏鬆症、熬夜、癲癇、65 歲以上等等，依每項設備的刺激度各有不同的限制，刺激度分為一至五顆星，在玩之前，先確認自己的身體狀況，才不會發生意外。

　　刺激的設施玩過之後，適合休息一下，先看表演，不想浪費時間的人，花多一點錢，一邊吃牛排或美式餐飲一邊看表演，裝潢是兩百年前的美國西部小鎮餐廳酒吧。其他的餐廳也都非常有特色，綠洲餐廳尤其讓人印象深刻。不習慣西式餐點的人，金鳳樓有提供中餐。

　　休息夠了，開始跟動物們約會吧！環尾狐猴直接在身上跑來跑去，跳上跳下的它們，個性溫和，喜歡和人類互動，要體驗這人生中難得的一刻，最好先預約，以免假日人多而無法排到。一般的動物園，都是人看動物，動物在籠子裡，而勇闖猛獸島則是相反，人被關在籠子裡，獅子、老虎圍繞著籠子，幾乎沒有距離，而如雷的獅吼就在眼前，那種震

撼真的是讓人喪膽，難怪說膽小的人不要嘗試。獅子巨大的爪子與張大的嘴抓著鐵籠，如果沒有籠子，我肯定被它們當成獵物咬死，然後生吞，被嚇夠之後是餵食秀，看它們狼吞虎嚥的樣子，真的很震撼。

因為預算跟時間的限制，就放棄蘇丹犀望巴士，先搭乘蒸氣火車看河馬、野牛、白犀牛，再搭乘猛獸巴士，這次獅子、老虎的距離較遠，那種讓人膽戰心驚的感覺消失了，這裡有將近七十種包含許多沒看過的物種。有點累了，該是回家的時刻，到紀念品專賣店帶些禮物，然後結束一整天的震撼與刺激。

16. 宜蘭幾米公園

文：老溫

出發之前，查了一下資料，總共有幾米公園、丟丟噹森林、幸運轉運站可以玩，就讓我這個老大人，跟著幾米的腳步，變回那個五歲的小孩，他還是個小毛頭，充滿想像力的小朋友。

幾米的作品，用色特別、別出心裁、富想像力、療癒人心。出了宜蘭火車站，回眸一看，整面牆都是彩繪，我的心智，就瞬間跳到小朋友模式，哇！好特別。向左走向右走的場景，雖然簡單，但卻吸引非常多觀光客朝聖拍照，想拍得好還真不容易，行李箱或手提袋的藝術品跟火車站結合，完全是打中每個觀光客、出門、回家的那顆心。

丟丟噹森林是「星空」中的星空列車為主軸，星空曾被拍成真人版的電影，片頭的時空完全靜止、飄下雪花，雪花打在臉上變成眼淚，立即讓人印象深刻。貌合神離的夫妻，在吃飯的時候冷言了幾句，然後吵架，這是離婚的前奏，無能為力的女主角，只有十三歲，想要藉拼圖，挽回父母的關係，可惜徒勞無功。缺了一隻腳的藍色木雕大象，在夜深人靜的夜裡，步履蹣跚地陪著女主角前行，祖孫的最後一次見面，非常溫馨感人。女主角無法接受爺爺的病逝，坐在桌前想要完成拼圖，卻在最後發現少了一塊，接著，她再也無法承受打擊，開始哭泣。班上的布置，是電影一大亮點，紙折的動物全都活起來了。終於，父母親還是離婚了，而男主角的遭遇，似乎更糟，母親為了躲避前夫的家暴，選擇一直搬家。星空列車登場時，我的童心完全被激活，也展開兩人翹家的開始。兩人躺在湖中的小船，等待霧氣散去，星空的到來，男主角背著發燒的女主角，卻無心觀賞星空，之後，男主角就搬走，他們並未能再見。

這是一部非常特別的電影，繪本也同樣精彩，療癒你我的心靈。順帶一提，晚上的這裡，更有電影的感覺，不妨如夜再來一次。

幸福轉運站是以幾米的另一部作品為基礎而設計的，可愛的大黑狗趴在球池裡，肯定讓小朋友瘋狂，大象溜滑梯、長頸鹿觀景台也是為小朋友而設計。廢棄的巴士，搖身一變成了小圖書館，在這裡，可以看到幾米的繪本，還有部分的藝術書籍，而星空號、奇蹟號小巴士，可以免費搭乘至宜蘭市的知名景點，千萬別錯過了。

17. 嘉義蘭潭水庫

文：老溫

　　台灣的都市周邊，通常都會有水庫，大台北的翡翠水庫、桃園石門水庫、新竹寶山水庫、苗栗明德水庫、鯉魚潭水庫（供台中地區使用）、台南南化水庫、烏山頭水庫、高雄阿公店水庫，但這些水庫都跟鬧區有一定的距離，嘉義的仁義潭水庫也一樣，唯獨蘭潭水庫是在鬧區旁邊，跟嘉義火車站的直線距離約四公里，水庫周邊有許多建築物，包含崇仁醫專跟嘉義大學兩所學校。

　　緊鄰著鬧區，所以它不止有外來的遊客，還有當地的居民，來此運動、聊天、約會，因此看到有人跑步、穿藍白拖散步也是很正常的。逛完了風光明媚的湖區，於是到嘉義大學的咖啡學園小憩，濃濃的咖啡香味，讓我們一整天都精神飽滿，居然還有蜂蜜跟梅子粉，那就帶一些回家自己使用跟送給好朋友，沾上梅子粉的芭樂真的很對味。

　　校園還有昆蟲館，進去瞧瞧。除了非常多的標本，還有活體，是昆蟲界的大力士──獨角仙，經過解說，才知道它的一生是如此多變，每一階段的樣子都不同，成蟲是最多人知道的，雄的獨角仙會為了交配權跟其他的獨角仙打架，打贏的就會開始刺激雌獨角仙，過程非常的長，然後才交配，雌獨角仙則是一面還吸食著光蠟樹的汁液，非常有趣，雄的過幾天就會死在樹幹旁，雌的則是鑽回地底下產卵，完成任務的它也是會死亡，如此循環著，年復一年。

　　嘉義市的海產店很多，有不少就在水庫附近，挑了一家好停車的，就開始點餐，螃蟹、蛤蜊、龍蝦、龍膽石斑都上餐桌了，難得花大把鈔票吃大餐，就別管膽固醇跟尿酸的問題了，這家店的料理非常地道，色

香味俱全，難怪一下子就盤空碗空，每個人都忙著吃，不會有邊吃邊滑手機的狀況，原來嘉義不止雞肉飯好吃，海鮮更是一流。聽朋友說附近有一家餅乾店很出名，經常大排長龍，既然遠近馳名，那就不能錯過了，什麼都買幾包，不論是送禮或是自己吃都很棒。

　　吃完大餐，再到水庫旁晃晃，散步一下，把身上的肥油減一點，沒想到剛好看到水舞燈光秀，真是意外的收穫，看完了精彩的水舞，該是回旅館做功課的時間，聽說阿里山有很多點可以玩，那就仔細研究一下，看看哪些是必玩的，哪些又是祕境，等待我們去探索。

18. 嘉義布袋玻璃高跟鞋教堂

文：老溫

　　大型彩繪在台灣漸漸成為觀光的一部分，例如台中的彩虹眷村，就屬於非常有特色的，嘉義布袋好美里 3D 彩繪村也一樣，鮮艷的顏色、有趣的構圖，吸引許多人前往，包括旅行社帶團前來，所以連平日的此地，都有非常多的遊客。跟隨柏油路上的腳丫，一個一個欣賞與合影吧！巨大的紅貴賓狗、張開大嘴的食人魚、破牆而出的鯊魚、地上的火鳳凰、牆上的海底世界、蓮花錦鯉池、搞笑版的白雪公主與七矮人、綠色的巨人、美人魚等等，還有一些就跳過，最搞笑的應該是貓跟魚那面牆，在這裡可以玩很久，雖然太陽有點毒。

　　玻璃高跟鞋教堂是今天的第二站，就在彩繪村北邊幾公里處，巨大的藍色高根鞋，看起來有點不真實，配上湛藍的天空竟然沒有違和感，反而溶入得非常有味道，走近一看，原來網路那些知名的照片都是用超廣角拍的，不過我還有一招，用手機的全景模式，拍起來也很有氣勢。天很快就變色了，已經是傍晚，就來幾張火紅天空配藍色高根鞋的照片，果然很漂亮，想來玩的人不妨選這個時間來。

　　到布袋，就一定要吃蚵，各種的蚵料理，應有盡有，就吃最經典的蚵嗲好了，吃到一半才發現別家有海鮮肉圓，那就兩家都吃，這種特別味道的料理，在平常可是吃不到的，怎麼能錯過呢！雖然有點脹，但還是覺得很棒。

　　休息了一晚，精神不錯，聽說現在是花季，於是驅車前往台南白河，林初埤的木棉花現在很漂亮，一大早就吸引了許多遊客，當然也有很多攤販進駐。火紅的木棉花，上面有一些鳥類，地面上的攝影師，拿起大

砲般的望遠鏡頭拍攝，快門聲此起彼落，這些鳥類彷彿不怕人似的，非常有趣。時間還早，所以就到附近的關子嶺，白天的風景很棒，碧雲寺的景觀更是特別，累了一天之後，夕陽再美也沒有什麼吸引力了，乾脆入住溫泉飯店，這裡的溫泉比較特別，是全台灣唯一的泥漿溫泉，舒服，一天的疲勞都除去了，整個人都放鬆不少，這種感覺只有親自來體會才知道，很難用文字形容。打開筆電，找了一下明天的目標，決定要去兩大水庫，曾文水庫跟烏山頭水庫，這是撐起大台南地區的兩大支柱。

19. 宜蘭礁溪溫泉

文：老溫

自從國道五號完工通車，大台北地區到達宜蘭的時間大幅縮短，宜蘭的觀光開始熱門起來。幾米公園、積木博物館、莎貝莉娜精靈印畫學院、外澳飛行場、伯朗咖啡城堡館、九號咖啡外澳館、鷹石尖、蘭陽博物館、草嶺古道、五峰旗瀑布、佛光大學、羅東運動公園、長埤湖、冬山河親水公園、五十二甲濕地、三奇村伯朗大道、南方澳觀景台等超過二百個景點都雨露均霑，連宜蘭市的中山國小都有觀光客，為的是造型特別的溜滑。

無論是去那裡玩，總要住個一天兩天的，這樣才能玩得盡興，不至於入寶山卻空手而歸。這時，我想到了礁溪溫泉非常知名，所以就決定將三天兩夜的宜蘭行，以礁溪為住宿的地方，玩了一天後，可以泡泡溫泉，消除疲勞之外，據說可以養顏美容，有「美人湯」的別名。

來到宜蘭，有一種平民美食是必吃的，那就是加了三星蔥的蔥油餅，金黃色的酥脆外皮，加一個蛋，灑上胡椒，抹一些甜辣醬或是辣椒醬，每一口都是滿足的滋味，或者，可以用斯文一點的吃法，跟批薩一樣的切法，然後沾少許蒜蓉醬油也是非常棒的滋味，這種吃法可以吃到真正的蔥味，不像甜辣醬或辣椒醬會搶走蔥的味道與鮮甜，真心推薦這種吃法。另一種美食要帶回家料理，那就是鴨賞，原味、碳烤、蔗燻各有特色，有些店家還有膽肝跟臘肉。辣椒、蒜頭爆香之後，鴨賞下鍋伴炒（切成薄片），最後加入蒜苗切片，非常簡單，而且美味。

因為非常喜歡電影《翻滾吧！阿信》，所以就跟著電影場景玩了一次，包括壯圍古亭村、冬山河、台鐵頭城段鐵路橋下、五結清水大閘門、

頂埔車站平交道，男主角彭于晏為了這部電影，接受了八個月的訓練，讓自己的體態更像體操選手，敬業的程度直逼許多好萊塢巨星，也讓他聲名大噪，是他日後成為巨星的重要作品。電影是根據真人真事改編，艱辛的訓練過程、競爭激烈的比賽、不同的受傷方式、得到金牌的喜悅、教練的用心、兄弟間的親情、母愛的表現方式、變壞的過程、吸毒的後遺症、電話兩端的戀情、誤傷幫派分子跑路到台北、好兄弟慘死街道、浪子回頭金不換、重回體操場、振奮人心的插曲、多年戰友的良性競爭與友誼、坐著輪椅出現的女主角、再奪金牌。非常棒的電影，值得一看再看。

20. 高雄旗津旗後砲台

文：老溫

　　高雄旗津是個很特別的地方，原本是沙洲半島，於 1967 年時建造高雄第二港口被截斷，成了旗津島，寬度僅數百公尺，長度約六公里，過港隧道於 1984 年完工，是台灣唯一的海底隧道。平均海拔只有二公尺，人口從 1981 年的 36,136 人，遞減至 2020 年的 27,858 人，儘管如此，在面積 1.46 平方公里的範圍裡，仍算非常擁擠，因為這裡不能蓋大樓，幾乎全是透天式的建築居多。

　　除了可以開車經過港隧道到達之外，還可以搭渡輪來旗津，顛峰時間不到十分鐘一班，離峰時間也只是多等幾分鐘，算是相當方便，機車可以騎上渡輪，不過有些時段只能騎電動機車，燃油機車不能上去，搭乘地點在捷運橘線終點站西子灣站附近，步行約五分鐘。

　　旗後砲台位於島的北邊，但目前已沒有砲台了，為國定古蹟，是清朝末期為了防守高雄港而建的三座砲台之一，西元 1876 年完工。因為高度夠，可以看到高雄市區，八五大樓不算遠，非常清楚，往旗津方向可以看到海水浴場。燈塔就在附近，就過去瞧瞧吧！有個觀景台，可以看到港區跟船隻，燈塔的位置在高達港的入口處。馬雅各自行車道可以近距離看到進出港口的大船，在陣陣海風中，一艘貨櫃輪緩緩駛入高雄港，上面不知道裝了些什麼？旗津貝殼館為東南亞最大貝殼館，展示許多貝殼，但巨大的人造金色貝殼，搶走了大部分的風采。彩虹教堂雖然不是真的教堂，但拍照的人總是很多。

　　旗津的美食也是非常知名的，烤小卷、魷魚可以邊走邊吃，大碗公冰的分量實在大到不像話，適合一群人瞎起哄，互相陷害？或是增加感

情，我還是乖乖吃正常尺寸的就好。觀光市場內，主要是海鮮乾貨，買一些回去吃看看。手工汽水非常特別，喝起來跟大量生產的汽水完全是不一樣的，我只能再說一次，非常特別，因為找不到形容的字眼。找了一家海產店，點了一些平價的來吃，因為子彈要留著買紀念品跟乾貨，雖然是平價，但仍然美味，魚卵沙拉的分量也太多了，光吃這就快飽了。吃飽喝足，太陽才正要沉入海中，站在海水浴場的沙灘上，吹著陣陣涼風，看著夕陽餘暉，一天的行程只剩下瑞豐夜市就結束了，肚子飽飽來逛，有點奇怪，但還是嘴饞，拿著一串黃金魚蛋，邊吃邊逛，明天的優先目標是駁二藝術特區。

21. 花蓮秀林清水斷崖

文：華希恩

　　東部，有新鮮的空氣、蔚藍的天空、湛藍且無垠的海、豐富多變的雲彩、由高往低看海上日出、一望無際的稻田，以上這些是我所知道的，至於還有那些不知道的，就要現場體會，那就安排一趟四天三夜的東部之旅，看看還有哪些是好玩的，出發前，把車子檢查過，因為交通工具非常重要。

　　先從知名度最高的天祥跟太魯閣說起好了，同樣位於秀林鄉，平常就已經非常熱門，即將開放的山月吊橋，將掀起另一波的旅遊潮。長春祠位於瀑布之上，景觀之特殊為世上罕見；九曲洞是辛苦鑿出來的路，潺潺的溪水、巨石形成的溪谷，大自然的鬼斧神工，讓人覺得自己異常渺小。燕子口有壯觀的峽谷地形、溪谷上無數個巨大的石頭、層層疊疊的岩壁上還有大小不一的壺穴，來此玩最好還是乖乖戴上安全帽，並注意落石，以免被落石擊中而受傷甚至蒙主寵召啊！

　　立霧溪口的南北兩側有平地，是秀林最熱鬧的地區，有許多民宿可供過夜，北側的崇德礫灘（崇德海灘），從太平洋來的海浪一波波打來，白色的浪花、湛藍的海水跟天空，灘上有沙也有石頭，幾乎沒有遊客的海灘背景是清水斷崖，由於沒有救生員，所以就別貪玩下水，穿上短褲脫掉鞋子跟浪花玩玩還可以，不知不覺中，就跟浪花一起度過了半小時，整個人都輕鬆起來，這種快樂的時光是人生中少有的。年輕的小伙子跟著教練，穿上救生衣，劃著獨木舟往海上而去，越來越小的身影，直到幾乎看不見，應該非常有趣吧！

　　崇德步道可以居高臨下看海，只能遠觀不可褻玩焉？（錯誤的形容）要玩水的就不能從這裡過去，原本步道可以下到海灘的，不過已經毀壞，目前步道盡頭已經剩下觀景台，海灘上不時出現海灘車呼嘯而過，不過海浪的聲音也很大，所以不會覺得吵。匯德景觀步道在更北邊，景觀台有二層，感覺並不相同，但俯瞰如此的景色，實在讓人感動，也無愧它為台灣十景之一，這塊巨大的天然藍綠色寶石，美得無法形容，也讓我駐足許久不願離去，過了此刻，能否再度欣賞是個問號，該是離去的時候了，下一站是提供休息的民宿，把自己的電充得飽飽的，才能玩得盡興。

22. 花蓮富里六十石山金針花

文：華希恩

由於網路的發達，原本沒沒無聞的六十石山變得聲名大噪，真的有這麼美嗎？很擔心又被照片給騙了，於是問了幾個去過這裡的網友，他們的答案是一致的，比照片還美，既然如此，那還等什麼？當然要趕快安排。

在上山之前，我決定先到長濱的金剛大道，巨大的山巒就在眼前，山下幾乎都是梯田，路的這一頭彷彿衝進山裡，另一頭就像通往海裡，非常特別，曾經在網路上看過空拍的樣子，印象很深刻。因為停留的時間不長，那就增加一個地點好了，看了一下地圖，決定往南造訪知名度很高的三仙台。

很多人會在跨年的時候，選擇三仙台迎接隔年的第一道曙光，運氣好的話，在凌晨六點左右可以看到滿天紅霞，礫石灘上，總是不乏攝影師等著拍攝，不過現在已經天亮，早就鳥獸散。今天風平浪靜，站在橋上往下看，清澈的海水、少許浪花、藍綠色的海底、星羅棋布的礁石，不知道有多少魚兒住在礁石底下？一會上一會下，終於過橋，木棧道有點彈性，走起來輕飄飄的，接著來到兩顆巨石前方，再走就是燈塔，花了好大力氣終於來到燈塔前，回頭一看．蜿蜒的階梯、海浪拍打著巨石、湛藍的海水與天空，非常壯觀、美麗。合歡洞不好拍照，它的特點是一個高約十公尺的岩縫，風與海水灌進來時，會發出巨大的聲響，很特別的體驗。

來到六十石山，聽說忘憂亭觀景台的景色很棒，就先到這裡吧！眼前隨風搖曳的金針花，像一張會動的橘色地毯，遠處的人、房子都變得

好小，陽光穿過雲層，傳說中的耶穌光在驚呼聲中出現了，太壯觀了，這樣的畫面絕對不是照片可以形容的，現場體會才能完全明白。小瑞士觀景台也是熱門的賞花兼拍照點，但是人太多，於是先跳過，烏魚山莊旁的景色讓我非常訝異，那種美很難用言語形容，藍天、白雲、山脈、花海、採花人。

晚餐是放山雞、鹹豬肉、金針肉羹湯等，非常美味，吃過晚餐，又是另一種美，抬頭仰望星空，平常看不到的星星全都跑出來了，原以為晚上沒什麼人，結果看星星的可多了，還有許多專業攝影師在忙著拍照。累了一天，躺在陌生的床上也不會認床了，一覺到天亮，又是新的一天，台東池上已經等著我們。

23. 台東池上金城武樹

文：華希恩

池上人應該從來都沒想過，一棵樹竟然會帶來無數的觀光客，把原本安安靜靜的農田，變成觀光客打卡的景點，可惜的是人潮來了，垃圾也來了，狹窄的道路停了太多車，造成農機進出不便，地主一度氣到想把樹砍掉，或許老天爺有聽到他的心聲，在一次颱風中，樹倒下了，經過搶救，現在的它又活過來了，換成別的樹倒下，恐怕早已大卸八塊，屍骨無存了吧！？

另一支廣告，把錦新三號道路變成伯朗大道，筆直的道路，沒有電線桿，兩旁綠油油的稻田，有些季節會變成金黃色，如果是種植油菜，變成油菜花海，凸起的山脈就在不遠處，偶爾飄過山頭的白雲，將風景點綴得更美麗。近年來流行租腳踏車玩伯朗大道，美麗的風景、新鮮的空氣、舒服的微風、愉快的心情，怎能教人不醉呢？

來池上，當然要嚐嚐池上便當了，滷蛋、豆干、青菜、肉片，因為是木製便當盒，所以不會有湯湯水水，吃起來比較乾是正常的，所以一口飯配一口湯或飲料，或許比較容易下肚，至於滋味如何？每個人感受不同，加上心情的不同，實在不知道它到底哪裡不好了？至少我肚子很餓，吃起來還滿香的就是。

天堂之路原名萬新之路，也是金城武在廣告中的場景之一，目前多了一個造型鞦韆，不少人排隊拍照，路中央偶爾有年輕人跳拍，也就是跳起來時按下快門，歡笑聲從遠處傳來，這正是旅行該有的聲音。

大坡池是今天的最後一站，安靜的湖水被風吹皺，坐在湖邊放鬆了一會，風停了，遠方的山倒映在湖面上，這應該就是大坡池最迷人的地

方。傳了一通訊息，告訴台東的朋友，說我已經在池上，於是他傳了大坡池的蓮花照過來，叫我一定要去看看，我說我已經坐在湖畔，才一會的功夫，他就出現了，這位朋友非常熱情，介紹了許多台東、花蓮的景點，這下我得安排下次再來的時間了。

樟香綠廊算是祕境吧！？因為時間的關係，只看了朋友的照片，沒有到場。但安排了另一個自行車的行程：關山環鎮自行車道，處處都是美景，一邊騎一邊欣賞著藍天、白雲、稻田，還有很少見的水牛，這應該是最讓人驚豔的，印象中，已經超過十年沒見過它們了，沒想到還能在此見到，讓人有種莫名的興奮與傷感，兩種情感複雜地交錯著，再會了，下次來台東，應該是去鹿野高台搭熱汽球。

24. 台南北門井仔腳瓦盤鹽田

文：華希恩

　　出發之前，已經先做了功課，這裡最美的時候是夕陽西下，所以到達的時候，已經是下午五點，運氣不錯，小小的停車場竟然還有空位，不必走很遠的路。井仔腳瓦盤鹽田是北門第一座鹽田，已經有兩百餘年的歷史，因台灣已經使用通霄精鹽場製鹽，一度讓它暫停運作，目前為觀光目的而保留，而絡繹不絕的遊客，也讓附近攤販聚集。

　　當天空逐漸變色，專業的攝影師越來越多，三腳架上幾乎全是單眼相機，而且手上都拿著黑色的厚紙，他們稱為黑卡，據說搖黑卡的攝影手法是台灣獨有的，外國的攝影師多半用疊圖跟後製來平衡高光與低光，讓照片更靠近肉眼所見，而搖黑卡，加上減光鏡，可以讓照片一次就達到目的，不需要太多的後製過程，真的是非常神奇，據說還有許多特別的黑卡玩法，真的很佩服他們，讓攝影充滿樂趣與驚奇。

　　跟我聊天的攝影師，說附近還有一個不錯的景點，叫做水晶教堂，於是就跟著他的車，來到另一個點。此時太陽消失在地平線才幾分鐘，紅通通的天空倒映在教堂旁的水池裡，攝影師透過攝影的技巧，把這個美麗的畫面精彩地還原，讓我見識到台灣攝影師的能耐與熱情。

　　用餐完畢後，決定在新營住宿，第二天的目標只有一個：頑皮世界。因為是私人經營的，票價不算低，但有些是在木柵、新竹、高雄動物園所沒有的，因此還是有它的競爭力。迎接我們的是超強的風，強到可以把人吹走那種，還好只是陣風而不是連續的，因為不是連續假日，而且時間還早，因此超大的停車場顯得空蕩蕩，不過等我們離開時竟也停了將近一半，算是非常難得。

　　入園之後，風變小了，是防風林的關係嗎？入門後，色彩繽紛的金剛鸚鵡排排站，池塘裡面則是天鵝，成群的紅鶴非常壯觀，但這麼小的空間，它們是怎麼過活的？長臂猿的手臂真的很長，若非親眼所見，實在難以想像他在樹上的活動能力。南美水豚是世界上最大型的囓齒類動物，很難想像它們跟老鼠算是親戚，畢竟它們的體型大多了。兩棲爬蟲館內有蛇、蛙、蜥蜴等，還有鱷魚，非常巨大的體型就在眼前，最讓人印象深刻的是蟒蛇，又大又長。其他的就屬各式仙人掌跟企鵝讓人驚豔，但最特別的莫過於科莫多龍了，它們是世界上最大型的蜥蜴，巨大的身軀讓人不寒而慄，但因為人類的土地過度開發，使它們的數量越來越少，希望我們的後代以後還能看到它們活著的樣子，而不是從影片或標本知道它們曾經存在。

25. 南投信義梅花

文：華希恩

　　每年跨年前後，是梅花盛開的時期，由於花期很短，加上梅花不耐雨打，因此遇到連日下雨時，花期將更短。因為地型及地點的溫度及氣候不同，所以各地梅園盛開的時段並不相同，因此找了不少的賞梅地點，資料如下：南投信義外坪頂蔡家梅園、烏松崙石龜梅園、石家梅園、風櫃斗、牛稠坑柳家梅園、汪家梅園、土場、信義鄉農會（梅子夢工廠）、南投仁愛鄉互助國小旁彭家梅園、西伯梅林、布虎梅園（有觀景台可看全景）、新生村曉園民宿旁梅園、南投國姓鄉九份二山七號梅莊、台中市新社區梅花隧道、梅花森林等。

　　之所以把資料找這麼齊，只有一個原因，萬一到了卻沒花或是花況不理想，就可以立即轉往下個地點，幸好花期有即時花況查詢，只要上信義鄉農會官網就可查詢，而農會旁還有橘黃色的炮仗花，非常壯觀，信義鄉農會（梅子夢工廠）有梅片、梅餅、梅粉、話梅、脆梅、Q梅、烏梅、茶梅、紫蘇梅、梅醋、梅果凍、紅茶、烏龍茶等多種產品可以選購，如果喜歡他們的產品，還可以透過網站訂購，非常方便。

　　別人怎麼賞花我不知道，我的方式如下。壹：找比較低的梅枝，細看梅花的結構。貳：欣賞樹皮的紋路。參：欣賞樹幹與樹枝的線條。肆：單一梅樹的美。伍：利用相機的曝光誤差，減少曝光時間將天空變得更藍，梅花的細節保留，回家再欣賞。陸：找至高點欣賞整片的梅花。柒：欣賞地上的落花片片，有如下雪。等待風大時，也會有下雪的感覺。

　　梅粉是很神奇的東西，沾地瓜條吃，不錯！沾芭樂吃，也不錯，但沾蕃茄吃，非常好吃，讓人一口接一口，不知不覺中就吃掉一大盤。話

梅加在可樂裡，完全沒有違和感，反而變成梅子汽水般，非常棒的滋味，記得外國友人曾經喝過我調的這道梅子可樂，結果是非常喜歡，還把我的半包話梅帶回去，說要天天喝梅子可樂。話梅還可以加在紹興酒中，不過我不曾嘗試過。話梅加在紅茶中也是絕配，記得幾十年前，曾經誤打誤撞將梅子冰與紅茶混在一起喝，從此愛上酸酸甜甜的滋味，這方式比古道梅子綠茶早了許久就被我發現了，而當年的冰店老闆，也因為我這美麗的錯誤，在牆上多了一種產品——梅子紅茶，這讓人迷戀的滋味，是初戀嗎？

台灣城市之美

26. 新北汐止新山夢湖

文：華希恩

汐止有兩個知名的湖，一是市區旁的金龍湖，一是新山夢湖，前者被建築物包圍，就像是個公園的感覺，後者遺世獨立，恍如仙境，若不曾來過，就太可惜了。

但金龍湖也並非一無是處，安靜無風時，如鏡面般的湖水，倒映著靠山的那一面，還是挺美的，聽說傍晚的景色不錯，所以就先去別處，然後才過來。大老遠跑一趟，當然不可能只玩一個地方，所以就到拱北殿走一遭，特別的拱橋，是難得一見的景色，風景也不錯，聽說秋天來可以賞楓，看來我得再跑一趟。既然要遊湖，那就順便把最美的湖——大湖公園也遊一遍，不過網路上那麼夢幻的照片，是在太陽剛出來時，我這種觀光客是無緣見到的，只能在網路上流口水，無風時的湖面還是挺美的，可惜橋後的捷運大殺風景。

新山夢湖因為路很小，不好停車，所以遊客並不多，需走一段路才能到達湖畔，剛好遇到一位攝影師正在拍照，但他站在鋁梯上，是在拍什麼呢？原來是翅膀有深藍色金屬光澤的蜻蜓，他說是三角蜻蜓，另一種蜻蜓好小，叫做漆黑蜻蜓，要不是那雙會發亮的淺綠色眼睛，根本看不到它在那裡。其他的蜻蜓就比較常見，其一是連我都認識的紫紅蜻蜓，豆娘也不少，看來此地的生態維持得不錯。

忽然間風停了，湖面的倒影漸漸清晰，夢湖的美展現出來了，這下我才知道網路上的照片是真的，不用後製就很美，難怪很多人來此拍攝婚紗，稍微修圖就非常棒。我把拍攝角度降低，讓倒影的顏色更接近天空，這是從一位攝影師那裡學來的，果然，站著拍的相片遜色不少，學

到這招，以後拍倒影就知道怎麼拍了。走著走著，遠方一對新人、一個攝影師、助手走向小碼頭，開始拍攝婚紗照。結婚是大事，婚紗是其中一項重要的過程，拍好以後，除了婚宴中使用，還是兩人日後的重要回憶，或許過程很辛苦，但還是值得的。

一口氣跑了三個湖，外加一間廟：拱北殿，挺累人的，也消耗了不少卡路里，索性入住金龍湖汽車旅館，明天的事明天再說，附近要吃東西很方便，交流道就在附近，看來這個隨性的選擇不算太糟，入夜的金龍湖，不少附近的居民來運動或是散步，很悠閒。

27. 新北瑞芳猴硐貓村

文：華希恩

　　瑞芳有很多好玩的地方，九份的老街與風景、水湳洞陰陽海的特殊、無耳茶山登山步道的壯麗風景、金水公路連續 S 型彎道、水湳洞十三層遺址、廢煙道、蝙蝠洞公園、雞籠山登山步道風景、南子吝步道 360 度視野、南雅漁港、海狗石、南雅奇石、鼻頭角燈塔、黃金瀑布、南雅明隧道光影之美、黃金神社、黃金博物館、三貂嶺瀑布、深澳岬角象鼻岩、八斗子車站火車加海景、不厭亭的風景（雙溪），還有今天的主角：猴硐貓村。

　　到猴硐可以搭火車，站站停的區間車，也可以開車，年輕人的體力好，只要天氣好的話，從大台北騎車也可以。今天不打算去別的地方，就搭區間車，來個悠閒的慢遊，一下車，就是可愛的貓公仔迎接我們，已經有遊客跟它們合照。這裡曾經是台灣第一的煤礦區，因此而興盛，在 90 年代禁採，也因禁採而沒落，目前有博物園區，展示煤礦產業的相關文物。爬上瑞三運煤橋，風景非常棒，也可以看到保留的運煤軌道。

　　礦坑休閒園區需付費入場，搭著小火車，進入黑漆漆的礦坑，體驗當年那些礦工的心情，卻難以想像他們的辛苦與危險，因為發生過重大事故，超過百人傷亡，多麼慘痛的過去。看著來來去去的觀光客，中午的便利商店非常忙碌，店的裝飾也以貓為主題。到處都是貓的公仔，還有真正的貓，有的慵懶地睡著，有的縮小瞳孔注視著你我，早已習慣觀光客的它們，面對鏡頭時比一般的貓咪大方多了。彩繪牆上的主角依然是貓，招財貓本舖中的商品也是以貓為主。

　　貓走廊是最多貓的地方，也有一些咖啡廳跟餐廳，我選了 MEOW MEOW 喵喵咖啡廳，找了靠窗的位置，點了拿鐵咖啡，那可愛的貓拉花讓我捨不得喝下它，拍了照片留念後才開始品嚐，店內隨處可見貓咪的裝飾與商品，猴硐貓村是貓奴敗家的好場所，保證敗得你口袋空空，行囊滿滿，如果你是攝影師，記得多準備一顆電池跟一張記憶卡，因為這裡可以拍攝的東西實在多到無法一一列表，如果你的節奏夠慢，夠用心去觀察跟體會。不知不覺中，我已經拍了一千多張照片，回家之後得用力殺貓了，不，是用力刪除貓照片，貓這麼可愛，怎麼可能傷害它們呢！這裡是一個可以讓人忘卻煩憂、放慢腳步的地方，習慣快節奏的人，會覺得這裡無聊，但如果用一顆赤子之心來玩，你會懷念這裡，我是想要再次來玩的，因為這裡真的很特別。

28. 新竹五峰山上人家

文：華希恩

　　一張得獎的照片，或是一個大師的照片，會改變一個地方，會讓照片中的主角從祕境變成菜市場般熱鬧，山上人家就是這樣的一個地方，新竹五峰鄉非常偏僻，是新竹縣人口最少的鄉鎮，居民不到五千人，且逐年遞減，但總面積卻有 227 平方公里，台北市也只不過 271 平方公里。居民多數為原住民，泰雅族及賽夏族占大多數，非原住民僅數百人。

　　賽夏族的矮靈祭是鄉裡的大事，兩年一次，每次三晚或六晚，分迎靈、娛靈、送靈三階段，由於名聞國際，因此每年都吸引許多人參訪。燃起火把後開始唱起召喚矮靈的歌，平常是絕對不能唱的，是他們的禁忌，接著宴請矮靈，迎靈當晚的歌曲哀傷，舞步緩慢，象徵著為當年殲滅矮人族告罪懺悔，所有賽夏族人穿著傳統服裝並謹言慎行，深怕觸怒矮靈招來禍害。娛靈時的歌曲較快，舞步也較快，並隨體力下降而越來越慢。送靈尾聲時，婦女會非常賣力地擺動繫於腰後的臀靈，並於旭日東升後結束矮靈祭。

　　五峰鄉的旅遊資源多半是天然的，八仙瀑布、銀絲瀑布、谷燕瀑布、喜翁瀑布、梅后蔓瀑布、觀霧森林遊樂區的巨木群、風景、楓葉，還有為數不少的民宿、露營區，主打的都是雲海、風景，但山上人家還有一項祕密武器：櫻花，在粉紅色櫻花盛開的季節，翻騰的雲海伴隨著日出前的滿天通紅，即使溫度低到讓人發抖，還是無法阻擋觀光客跟攝影師的熱情，如果此時還貪戀被窩的溫暖就太可惜了，因為此時就是山上人家最美的時刻，如果起得夠早，還可以看到滿天星斗，甚至銀河。

　　山上的空氣就是新鮮，能見度也很好，而且異常安靜，就算是遠方的遊客在談天說地，也能聽到部分的內容和笑聲，連自己的呼吸聲都能聽得一清二楚，若說這裡是人間仙境一點也不為過，在這片與世無爭的土地上，眼裡所見皆是美景，美麗、多變、神祕，可以仔細聆聽蟲鳴鳥叫，可以夜觀星辰，可以讚嘆雲海的壯觀多變，可以抬頭看著櫻花與藍天的結合，還有陽光穿透雲層的耶穌光，這麼多的美景，在山上人家可以一次都給你，只要來對季節與時間。整牌的單眼相機上了三腳架，只為了將美景變成永恆的畫面，或許有些殺風景了，但也要感謝他們，沒有這群攝影師或他們的前輩們，我們永遠不會知道山上人家到底有多美？

29. 屏東滿州灰面鵟

文：華希恩

　　灰面鵟又名灰面鵟鷹，每年十月由東北亞向南遷徙，過境屏東滿州，有國慶鳥之稱，隔年農曆春分前後，則出現在彰化八卦山，又有清明鳥或掃墓鳥之稱。根據資料，有時會超過萬隻在天空中翱翔，非常壯觀，每年都會吸引無數觀光客到屏東或彰化賞鷹，當然，也包括我在內。

　　滿州就在恆春東北方，開車的話非常近，所以到墾丁玩，也可以安排一下幾個點，例如佳樂水，各式各樣的奇石，等著想像力豐富的你去探索，喜歡拍照的可以慢慢逛，或者搭遊園車也可以，到盡頭時可以下車約十五分鐘拍照，地形跟野柳有點相似。滿州沙灘人不多，穿過龍貓隧道後就到海邊，運氣好的話可以一人獨享，漂亮多變的白雲、蔚藍的天空、一波波的浪花、土黃色的沙灘……非常漂亮，那就在這裡曬曬太陽、踩踩沙，把自己融入大自然，放輕鬆地玩。門馬羅山算是祕境，這次時間不夠，把它放在下次的旅途裡好了。

　　白榕園經過電影《少年 PI 的奇幻漂流》加持，變得熱門起來，不過有人數的限制，上午跟下午各只有三十人，需先網路預約，不能隨到隨進場。因為沒有成千上萬的狐獴，所以安靜多了，只能靠自己的想像，狐獴在身邊或腳下。線道 200 甲線約二公里處，即港口路有牧草捲，這平常看不到的玩意兒，來到滿州千萬不能錯過，另一個地點在恆春的水蛙窟，等一下會經過，就拍一張牧草捲搭藍天白雲的照片後，然後就要往南到風吹砂，感覺沙子不是立體，就放棄這個點，水蛙窟大草原沒有讓我失望，很大一片，雖然不到一望無際，因為遊客很少，幾乎算是獨享了。

　　龍磐公園是今天的最後一站，雖然這裡的日出很漂亮，但我更愛它藍天碧海的樣子，配上豐富多變的雲彩，壯觀的景色真是百看不厭，雖然已經來過數次，還是覺得非常棒，這裡是電影《新天生一對》的場景之一，這部令人熱淚盈眶的電影，讓我看了又看。把車開到旅館，忽然覺得有點累了，決定先洗澡，在床上躺一會再去墾丁大街吃東西，夜晚的墾丁大街非常熱鬧，絕不比各大城市的夜市安靜，絡繹不絕的遊客、各式各樣的小吃，那就邊走邊吃，想吃什麼就點什麼？隨興一點，放鬆一點，今天的行程排得太滿，太緊湊了些。

30. 高雄左營蓮池潭風景區

文：華希恩

　　高鐵左營站就在蓮池潭風景區附近，就把它當成三天兩夜高雄遊的首站。搭高鐵的好處是不用開車，行車時間短，不過，到了目的地之後，必須把沉重的行李拉到租車處，雖然只有幾百公尺，還是挺折騰人的，回家的時候，又得要把行李拉上高鐵，果然有優點就會有缺點。

　　租好車，就先到旁邊的蓮池潭，南邊的龍虎塔附近有停車場，就從這裡玩起。曲橋前，兩隻石獅子在左右，中間是龍龜，馬路的另一邊是慈濟宮，廟前的廣場有一些攤販，這表示龍虎塔應該是個熱門的景點。邊走邊拍照，此時非花季，只有綠油油的荷葉，然後在龍虎塔前方自拍，要進去時從龍喉，出來則從虎口，據說可以趨吉避凶。顏色鮮艷、做工精緻的龍與虎，非常吸引人，龍身與虎身內部都有顏色鮮艷的交趾燒，是十殿閻羅、二十四孝、玉皇大帝三十六官將、孔子七十二弟子圖，入塔之後，順著旋轉樓梯而上，最高的是七層，象徵佛家七級浮屠，第七層並未開放，但第六層的高度已經足夠，視野非常好。

　　不遠處就是春秋閣，觀音騎龍像就在馬路旁，觀音身後的五里亭，在湖的中央，觀音前面是啟明堂，今天還要走很多路，就沒有爬上階梯去參拜，也不知道裡面的狀況。再往北走是元帝廟，巨大的玄天上帝神像在湖中，讓人肅然起敬。天府宮的石獅與雕龍讓人印象深刻，內部的神像亦然。孔廟在湖的北邊，也是最後一站，內有孔子的各種介紹，裡頭居然有賣咖啡，鼓造型的桌椅，那就點一杯最知名的芒果咖啡嚐嚐，順便休息一下，雖然前面幾站都是蜻蜓點水，但也挺累人的。

　　之前來高雄，已經去過六合夜市，今天安排的是蓮池潭南邊的瑞豐夜市。玩了半天，肚子早已咕嚕咕嚕地提醒，點了一份炙燒骰子牛，邊走邊吃，看看還有什麼新奇的食物？哇！大排長龍，到底是什麼？居然是雞排，下次再點了，沒有那麼多的美食時間啊！居然有黃金魚蛋，那就買一串嚐嚐，吃飽了，買一份義式手工冰淇淋解膩，有德國豬腳，就當宵夜吧！這裡的美食既多元又誘人，隨便吃吃就過量了，可是還是忍不住繼續點、繼續嚐，反正減肥是明天的事，偶爾大吃大喝不礙事的，出來玩，開心最重要，該是時候去旅館了。

國家圖書館出版品預行編目資料

台灣城市之美／藍色水銀、老溫、華希恩　合著. ─初版.─
臺中市：天空數位圖書　2021.07
　　面：14.8*21 公分
　　ISBN：978-986-5575-37-3（平裝）

733.69　　　　　　　　　　　　　　　110010932

發　行　人：蔡秀美
出　版　者：天空數位圖書有限公司
作　　　者：藍色水銀、老溫、華希恩
編　　　審：此木有限公司
主　　　編：白雪
照 片 提 供：老溫
封 面 設 計：Jackie
製 作 公 司：煖行生活有限公司
版 面 編 輯：採編組
出 版 日 期：2021 年 07 月（初版）
銀 行 名 稱：合作金庫銀行南台中分行
銀 行 帳 戶：天空數位圖書有限公司
銀 行 帳 號：006-1070717811498
郵 政 帳 戶：天空數位圖書有限公司
劃 撥 帳 號：22670142
定　　　價：新台幣 590 元整
電子書發明專利第　I　306564 號
※　如有缺頁、破損等請寄回更換

紙本書編輯印刷：
電子書編輯製作：
天空數位圖書公司　E-mail：familysky@familysky.com.tw　http://www.familysky.com.tw/
地址：40255台中市南區忠明南路787號30F國王大樓　Tel：04-22623893　Fax：04-22623863

Family Sky